AF372774

Andrew Hawkins

Vorrei fosse il mio retaggio

una raccolta di aforismi personali

Youcanprint

Titolo | Vorrei fosse il mio retaggio
Autore | Andrew Hawkins

ISBN | 9791221484663

Youcanprint
Via Marco Biagi 6, 73100 Lecce
www.youcanprint.it
info@youcanprint.it

A mio padre, a mia madre e a mia sorella:
le stelle più splendenti del mio Firmamento.
Ma anche alle persone che hanno sempre
creduto in me e nel mio valore; a tutti i lettori
e lettrici qui presenti; ai collaboratori che
hanno partecipato a questo progetto; alle
persone che vogliono crescere e cercano,
giorno per giorno, di migliorare se stesse e il
mondo.

*To my father, my mother and my sister:
the brightest stars in my Firmament.
But also to the people who have always
believed in me and my value; to all the
readers here; to the collaborators who have
participated in this project; to the people who
want to grow and try, day by day, to improve
themselves and the world.*

Prefazione:

Analizzando la propria vita, è con modesto parere che ritengo saggio trarre insegnamento dalle proprie esperienze, siano esse positive siano esse negative. Uniche e preziose quali sono, esse andrebbero semplicemente annotate; dovrebbero poter ricordare a noi stessi, e in ogni momento, ciò che abbiamo imparato.

A quale scopo? Allo scopo più alto della natura umana: renderci persone migliori ogni giorno. E come traccia delle nostre vite, ognuna di quelle esperienze è come un'impronta lasciata sul proprio percorso. Un segno indelebile, per noi inconfondibile ed immodificabile. Singolare come l'anima più nobile e profonda come il cuore più puro.

Ed è solo attraverso questa introspezione di sé che un individuo può analizzare sinceramente se stesso: può farlo, quindi, senza dimenticare nulla del proprio percorso.

E proprio come le parole più tangibili possono dar voce ad un ricordo lontano, è bene osservare il cambio di prospettiva che le parole possono assumere nel tempo.
Uno spazio bianco, come quello che seguirà ogni aforisma, può rendersi utile come spazio di riflessione per la mente dei lettori più sensibili.

- Andrew Hawkins

Non è il risultato ciò che conta davvero.
È il percorso che fa la differenza.

It is not the outcome that really matters.
It is the path that makes the difference.

Senza etica e senza morale,
nulla ha più senso.

> *With no ethics and no morals,*
> *nothing makes sense anymore.*

Le bugie ci rendono schiavi.
La verità ci rende liberi.

Non pronunciare il falso, tantomeno se speri
di ottenere favore o rispetto dagli altri.

Non faresti altro che inaridire la tua coscienza.

Lies make us slaves.
The truth makes us free.

Do not tell untruths, especially
not if you hope to gain favor
or respect from others.

You would only wither your soul.

Quando nutri dubbi sul tuo lavoro o la tua dedizione, non chiederti quanto esso ti stia facendo arricchire.

Piuttosto, chiediti cosa ti stia facendo diventare.

When you experience doubts about your work or dedication, don't ask yourself how much it is making you rich.

Rather, ask yourself what it is making you become.

La cura del corpo disciplina il ragazzo.
La cura della mente disciplina l'uomo.

Caring of the body disciplines the boy.
Caring of the mind disciplines the man.

Non lasciare che la verità proferita
dalla bocca di un bugiardo
diventi verità nel mondo.

Do not let the truth uttered
from the mouth of a liar
become truth in the world.

In alcuni momenti bisognerebbe solo avere
il coraggio di lasciarsi andare.

*Sometimes one should
just have the courage to let go.*

Non pretendere di cambiare la natura degli
altri.

Se vuoi che il mondo conosca la parte
migliore di te, lascia che se ne accorga da sé.

*Do not expect to change
the true nature of others.*

*If you want the world to know
the best part of you, let it see for itself.*

Tutti affrontiamo difficoltà e sconfitte,
ma pochi trovano la forza di risollevarsi
e il coraggio di reagire.

We all face struggles and defeats,
but few find the strength to recover
and the heart to fight back.

Non esistono persone incapaci; ne esistono
molte prive di una prospettiva propria.

Compreso questo, poniti di non ambire a
superare gli altri; preoccupati solamente di
superare te stesso ogni giorno.

There are no clueless people.
There are people who lack perspective.

Set yourself not to aim to overcome others;
just worry about overcoming yourself
every day.

Non cedere alle debolezze del mondo
né ai mali che lo permeano.

Solo il rimpianto può logorarti davvero,
non il fallimento.

> *Do not surrender to the weaknesses
> of the world or the evils that penetrate it.*
>
> *Only regret can really wear you down,
> not failure.*

Le soluzioni facili sono antitesi del progresso.

Non può esistere successo che duri, senza una buona dose di fallimento e sacrifici.

Easy solutions are the antithesis of progress.

There can be no success that lasts, without a good amount of failure and sacrifice.

Non sprecare la tua vita compiacendo
le aspettative degli altri.

Resterai l'unico realmente insoddisfatto.

*Don't waste your life by complying
with other people's expectations.*

*You will remain
the only one truly unfulfilled.*

Non lasciare che l'odio causato dai torti
ricevuti ti consumi.

Smetti di concentrarti sul problema
e lascia che siano le esperienze a migliorarti.

*Don't let the hatred caused by the wrongs
you have received consume you.*

*Stop focusing on the problem and
let the experiences make you better.*

Nelle piccole cose si possono trovare
le verità più grandi.

In the smaller things,
the greatest truths can be found.

Non vergognarti mai di chiedere aiuto.

Riconoscere i propri limiti
è il primo passo per superarli.

Never be ashamed to seek help.

To acknowledge your limits
is the first step to overcoming them.

Prendi in mano la tua vita
e scegli chi vuoi essere.

Non lasciare che siano altri a farlo per te.

*Take control of your life
and choose who you want to be.
Don't let others do it for you.*

Ogni cosa ha una fine:
abbraccia questo concetto
e cambierai ogni tua prospettiva.

Everything has to end:
be aware of it and you will change
your entire perspective.

Non avere timore di mostrare la tua creatività.

Se sviluppi un'idea, il tuo compito
è alimentarla, proteggerla e condurla
al suo compimento.

Don't be afraid to reveal your creativity.

*If you develop an idea,
your job is to feed it, protect it
and lead it to its fulfillment.*

Se non riconosci valore in te stesso,
non aspettarti che altri lo facciano al tuo posto.

*If you don't acknowledge value in yourself,
don't expect others to do it for you.*

Preoccuparsi per la propria integrità non è egoismo verso gli altri, ma rispetto verso se stessi.

*Caring for one's wholeness
is not selfishness toward others,
but respect on it self.*

Quando realizzi per chi stai vivendo
davvero la tua vita, tutto può cambiare.

*When you realize for whom
you are really living your life,
everything can change.*

Se sei abbastanza forte da poter vivere
anche per gli altri, allora vivi per aiutarli.

Non per compiacerli.

*If you are strong enough to live
for others as well, then live to help them.*

Not to please them.

Non sorprenderti troppo di come
molti sembrino aver capito "tutto".

Sorprenditi, invece, di quanti pochi siano
quelli che scelgono di cambiare le cose.

*Don't be overly surprised by how many
seem to have "it all figured out".*

*Instead, be amazed by how few
choose to change things.*

Smetti di tormentarti desiderando
ciò che non possiedi.

Renditi conto del valore di tutto ciò che hai
già.

Stop torturing yourself
by desiring what you do not own.

Realize the value of everything
you already have.

A volte, le persone possono deluderti
tanto quanto tu possa esserti affezionato ad
esse.

*Sometimes, people can disappoint you
as much as you may have loved them.*

La musica è il magnete ideale
per rivelare le emozioni più profonde.

*Music is the best magnet for attracting,
and revealing, the deepest emotions.*

Non lasciare che il parere degli altri
ti impedisca di andare avanti.

Il tempo farà il suo corso, la vita farà il resto.
Preoccupati di continuare a muoverti.

*Don't let the judgment of others
stop you from moving forward.*

*Time will take its course; life will do the rest.
Worry about just keeping moving.*

Insegui l'unicità. Le persone comuni
non hanno molto da offrire.

Se non provi a cambiare le cose,
non assuefarti nella convinzione
di averne intuito l'esito.

Le persone che non sbagliano,
sono quelle che non provano.

Pursue the unique.
Ordinary people don't have much to offer.

If you don't try to change things,
don't get addicted to believing
that you have foreseen the outcome.

The people who don't make mistakes
are the ones who don't try.

Quando la ricerca è ardua
è l'intento a fare la differenza.

When the pursuit is tough,
it is the effort that makes the difference.

Dai alle piccole cose
il valore delle cose più grandi.

*Give small things
the value of bigger things.*

Non avere fretta di attribuire valore
a ciò che ti circonda.

Solo il tempo può rendere speciali
le cose e le persone, non le parole.

*Do not rush to attach value
to your surroundings.*

*Only time can make things
and people special,
not words.*

Quando hai paura di fare una scelta,
significa che ne hai compreso
il reale valore.

When you are afraid to make a choice.
it means that you have understood
its real value.

La vita è come un campo in perenne fioritura.
Produrrà frutti, ma attirerà i corvi
e da essi dovrà essere protetto.
Ricorda questa metafora
e ricorderai l'essenza della vita.
Il tuo campo è la tua vita;
i corvi sono la sfida costante
che tenterà di impoverirlo;
i frutti del raccolto ti ricordano
i sacrifici per cui ti sei prodigato.

*Life is like a field in perpetual bloom.
It will produce fruit, but it will attract crows
and must be protected from them.*

*Remember this metaphor
and you will remember the essence of life.
Your field is your life; the crows are the
ever-present challenge that will try to
diminish it; the crop fruits remind you
of the efforts you have made.*

Il mondo è un grande e sconfinato enigma.

Ogni parte di esso
è parte della vita di qualcuno.

E spesso si sottovaluta quanto una sola
persona possa cambiare la vita di molte altre.

The world is a great and boundless riddle.

Every part of it is a piece of someone's life.

*And it is often underestimated how much
one person can change the lives
of many others.*

Se ti concentri esclusivamente sulla vastità
di un albero, non potrai accorgerti dei
meravigliosi frutti che ha saputo
produrre attorno a sé.

*If you focus exclusively on the magnitude
of a tree, you will not be able to
notice the wonderful fruits it has been
able to produce around it.*

Non conta quanto tempo impiegherai
o quanti sacrifici dovrai sostenere.

Ciò che conta è mantenere lo sguardo fisso
sull'obiettivo, senza perdere la strada.

*It doesn't matter how long you take
or how many sacrifices you have to make.*

*What matters is keeping your eyes focused
on the goal and not losing your way.*

Spesso i risultati migliori, come le emozioni più belle, giungono nei momenti più inaspettati e dalla pazienza delle attese più estenuanti.

Often the greatest results, like the most beautiful emotions, come in the most unexpected moments and from the patience of the most draining waits.

Non preoccuparti di arricchire il tuo
portafoglio, preoccupati di arricchire la tua
mente.

Le cose materiali offrono soddisfazioni
temporanee, e una vita dedicata ad esse non ti
darà una vita appagata.

Don't worry about growing your wallet,
worry about growing your mind.

Material things offer temporary satisfaction,
and a life devoted to them will
not give you a fulfilled life.

Il tempo è l'unica risorsa di cui
dovrai gelosamente preoccuparti.

*Time is the only resource
you will have to jealously guard.*

Non raccontare agli altri più cose di quante
essi non ne abbiano raccontate a te.
Impara a restituire solo quanto ricevi.

Le buone maniere e un cuore sincero
verranno sempre ripagati.

*Do not tell others more than
they have told you.*

*Learn to return only
as much as you receive.*

*Good manners and a genuine heart
will always be rewarded.*

Molti pregi nascono dalla consapevolezza di possedere altrettanti difetti, non dalla falsa speranza di voler essere perfetti.

Many virtues arise from the awareness of having as many flaws, not from the false hope of wanting to be perfect.

Concedi al cuore di guarire, alla mente di rigenerarsi e alla vita di condurti a ciò che meriti.

Grant the heart to heal, the mind to regenerate and life to lead you to what you deserve.

Diffida di chi parla degli altri
quando non ci sono.

E presta attenzione a chi ti parla in disparte
e ti ignora quando ci sono altre persone.

Mistrust those who talk about others
when they are not there.

And pay attention to those
who talk back to you
and ignore you when
other people are there.

Incontrerai persone diverse:
Maestri di vita, gente comune,
intellettuali o bugiardi, ma ognuno di essi
potrebbe sorprenderti significativamente.

You will meet different people.
Masters of life, ordinary people,
intellectuals or liars, and any one
of them might deeply amaze you.

Arriverà il giorno in cui ti accorgerai
del tuo reale valore, ma soffrirai
per non essertene reso conto prima.

There will come a day
when you realize your real worth,
but you will suffer for not
realizing it sooner.

Chi non ti ascolta ti giudicherà
e chi ti giudica dirà che non sai ascoltare.

Those who do not listen will judge you,
and those who judge you will say that
you do not know how to listen.

Non cercare di essere una persona migliore,
se l'obiettivo è quello di dimostrarlo agli altri.

*Don't try to be a better person
if the goal is to prove it to others.*

Non augurare sfortune al tuo avversario.

Lascia che sia il tempo
a metterlo in mostra per ciò
che rappresenta davvero.

> *Don't wish bad luck*
> *on your opponent.*
>
> *Let time show him off for what*
> *he really stands for.*

Fai pace con il passato, ma
non dimenticarne mai gli insegnamenti.

*Make peace with the past,
but never forget its teachings.*

Le persone che ti cercano quando stai bene,
non sempre ti cercano quando stai male.

People who look for you
when you are doing well
do not always look for you
when you are in pain.

Non essere vittima dei tuoi rimpianti.

Smetti di autocommiserarti
e affronta la vita a testa alta.

Don't victimize yourself with your regrets.

*Stop feeling sorry for yourself
and face life head-on.*

Ascolta tutti, ma custodisci le tue idee
e scegli sempre secondo la tua coscienza.

*Listen to everyone, but guard your ideas
and always take choices by your own mind.*

I soldi contano meno della qualità delle
persone di cui ti circonderai.

*Money matters less than the quality of the
people you surround yourself with.*

Cerca virtù e abilità negli altri.

Talvolta, potresti accorgerti di come le persone
più diverse da te siano quelle più capaci di
farti crescere ancora.

Look for virtues and abilities in others.

*Sometimes, you may find that the people
most different from you are the ones
most capable of making you
grow again.*

La vita e il tempo scorrono
in un'unica direzione.

Ciò che succede nel frattempo
è l'unica cosa che potrai controllare.

*Life and time move in one direction;
what happens in between is what
you will have to focus on.*

Non vivere nel timore di poter
perdere qualcosa.

Piuttosto, vivi nella consapevolezza
di averla vissuta pienamente.

*Do not live in fear that you
might lose something.*

*Rather, live with the consciousness
that you have fully experienced it.*

Se le persone si soffermassero
sulla ricchezza materiale degli altri,
si lascerebbero sfuggire la ricchezza
interiore che essi custodiscono.

*If people would dwell
on the material wealth of others,
they would miss out on the inner wealth
that they could cherish.*

Più si sottovaluta la cultura di un popolo,
più un singolo individuo tenderà a limitarsi.

Più alta sarà la conoscenza delle cose,
tanti più saranno gli individui in conflitto
tra loro.

Ciò che serve davvero
è un equilibrio costante.

*The more the culture of a people is
underestimated, the more an individual
will tend to limit himself.*

*The higher the awareness of things,
the more individuals will be
in conflict with each other.*

*What is really needed
is a constant balance.*

Non inseguire le persone
che prendono le distanze.

Se una persona tiene a te,
non si allontanerà.

*Don't look for people
who keep their distance.
If a person cares about you,
they will not move away.*

Di tanto in tanto,
cambiare le proprie abitudini
non è una cattiva idea.

Every now and then,
changing one's habits
is not a bad idea.

Non essere una persona
che chiacchiera troppo.

Dimostra di essere una persona valida
senza che sia necessario
esprimerlo a parole.

Don't be a person
who talks too much.

Show that you are a good person
without having to put it into words.

Smetti di alimentare contesti nocivi
solo perché temi di affrontarli.

Spostare un problema è come soffiare
in una bolla: prima o poi scoppierà.

Stop fueling harmful contexts just because
you are afraid to deal with them.

Shifting a problem is like continuously
blowing in a bubble: sooner
or later it will blow.

Chi ti cerca in seguito alle tue vittorie,
non sempre ti cerca in seguito
alle tue sconfitte.

Impara ad osservare con la mente,
non con il cuore.

Those who seek you out because
of your victories do not always seek you
out because of your defeats.

Learn to observe people
with the mind, not with the heart.

Più aspetti che le cose accadano
da sole e più ti allontanerai da esse.

Non esistono il momento giusto
o la persona giusta.

La persona giusta al momento giusto
si trova solamente in se stessi:
dov'è sempre stata.

*The longer you wait for things to happen
on their own, the more you will
move away from them.*

*There is no such thing as the
right time or the right person.*

*The right person at the right time is simply
the best version of ourselves, and it is only
in ourselves that we can find them:
where they have always been.*

Essere se stessi è molto meglio che essere
ciò che gli altri vorrebbero tu fossi.

*Being yourself is much better than
being what others would like you to be.*

Se vuoi stare bene con gli altri, impara
anzitutto a stare bene con te stesso
e ad accettarti.

*If you want to feel good about others,
first learn to feel good about
and accept yourself.*

Ci sono frasi che possono avere significati
ed importanza diversi.

E ci sono parole che possono essere
comprese solo in momenti precisi.

*There are sayings that can have different
meanings and importance.*

*And there are words that can only
be understood at specific times.*

Ci sono persone che ascoltano
e consigliano.

Ci sono persone che accusano
e giudicano.

Ci sono anche persone che vogliono
cambiare, e poi ci sono persone
che si lasciano cambiare
solamente dagli altri.

There are people who listen and advise.

There are people who accuse and judge.

*There are also people who want to change,
and then there are people who only allow
themselves to be changed by others.*

Il rispetto non si guadagna con il successo,
ma con la coerenza.

*Respect is not earned through success,
but through consistency.*

Supera l'idea di volere essere accettato
come individuo "uguale agli altri".

Questo concetto ti darà la possibilità di
diventare un individuo "unico tra gli altri".

*Get over the idea of wanting to be accepted
as an individual "equal to others".*

*This concept will empower you to become
a "unique among others" individual.*

Se credi in qualcosa, allora dimostralo.

Le chiacchiere spese per compiacere
o convincere hanno vita breve.

*If you believe in something,
then prove it.*

*Talk spent to please
or convince is short-lived.*

Le difficoltà della vita
sono come le medicine.

Se ti concentrassi sul loro sapore,
non le assumeresti.

Invece, accetta l'idea che esse
siano semplicemente necessarie,
concentrandoti sul loro effetto.

Life's difficulties are like medicines.

*If you focused on their taste,
you would not take them.*

*Instead, accept the idea that
they are simply necessary,
focusing on their effect.*

Compi un passo alla volta,
la fretta è solo una cattiva consigliera;
nella vita non serve correre.

Take one step at a time,
haste is a poor counselor;
there is no need to rush in life.

La paura è una sensazione umana,
ma zavorrarsi ad essa non è la soluzione.

Ad un certo punto,
la paura dev'essere affrontata.

*Fear is a human feeling,
but bearing down on it
is not the solution.*

*At some point,
fear must be confronted.*

Dichiararsi differenti dalla massa
è per alcuni una moda, per altri
è la consapevolezza del proprio potenziale.

Declaring yourself different from the crowd
is a fashion statement for some, and
for others it is an awareness
of your potential.

Nessuno può farcela da solo.
Ma chiunque, da solo, può fare la differenza.

No one can do it alone.
But anyone alone can make a difference.

Quando conosci il sacrificio
conosci anche il valore
dietro ad un risultato.

*When you know sacrifice you also know
the value behind an achievement.*

Vivi la tua vita come un'avventura,
scrivendola una pagina alla volta.

*Live your life as an adventure,
writing it one page at a time.*

Se cederai il passo della vita alla negatività,
essa si prenderà in poco tempo ogni cosa
buona che hai costruito in molti anni.

*If you give way in life to negativity,
it will in a short time take every good thing
you have built up over many years.*

Lascia pure che gli altri ti sottovalutino.
Non potrai far altro che sorprenderli.

Go ahead and let others underestimate you.
You won't be able to do anything
but surprise them.

Prediligi sempre la via del dialogo,
anche quando questa può sembrarti
una soluzione remota.

*Always lean toward the way of dialogue,
even when this may seem like
a remote solution.*

Non aspettarti che le persone
ricordino le tue opere buone.

Ti accorgerai di quanto sia comune,
per esse, ricordare più facilmente
il tuo errore più insignificante.

*Don't expect people to remember
your good deeds.*

*You will realize how common
it is for them to remember
your most insignificant
mistake more easily.*

La solitudine, se controllata,
può esserti d'aiuto.

Chiudersi volontariamente, a volte,
può essere l'unico modo
per riaprirsi davvero.

Loneliness, if under control, can help you.

Consciously closing yourself off,
sometimes, may be the only way
to really open up again.

Essere circondati da molte persone
può essere gratificante, ma
può essere anche pericoloso.

*Being surrounded by many people
can be rewarding, but it can
also be dangerous.*

Le persone che sanno tutto sono molte.
Le persone che sanno ascoltare sono rare.

People who know everything are many.
People who know how to listen are rare.

Quando vuoi ricominciare, nella tua vita,
devi lasciare che una parte di te muoia
per fare spazio a quella nuova.

When in your own life you want to start over,
you have to let one part of you die
to make room for the new one.

Alcuni ti inviteranno ad intraprendere
scelte diverse, altri a combattere l'equilibrio
della tua routine e abbandonare la tua
"comfort zone".

Insomma, per molti sembra facile
dire o capire cosa dovresti realmente
fare della tua identità.
Certo: è facile perché non è la loro vita.
Infatti non spetta a loro scegliere.

*Some will urge you to make different choices,
others to fight the balance of your routine
and leave your "comfort zone".*

*In short, for many it seems easy to say
or understand what you should
really do with your identity.
Of course: it is easy because it is not
their life. In fact, it is not their choice.*

I sotterfugi sono la più bassa forma
di inganno che le persone vili usano.

Se lascerai che entrino nel tuo cuore,
essi ti distruggeranno.

*Subterfuge is the lowest form of deception
that cowardly people use.*

*If you let them enter your heart,
they will destroy you.*

Ogni cosa che apprendi potrebbe potenzialmente farti soffrire: sapere molte cose può essere più doloroso rispetto a non saperle affatto.

Everything you learn could potentially hurt you: knowing many things can be more painful than not knowing them at all.

Si sottovaluta troppo spesso il valore di una parola dolce, piuttosto di una usata per circostanza.

The value of a gentle word is too often underestimated, rather than one used in a casual manner.

Migliorare una persona è una cosa.
Volerne cambiare la natura
è un altro discorso.

Improving a person is one thing.
Wanting to change its nature
is another matter.

Troppe persone credono di essere
portatrici di innovazioni.

Altre più talentuose, purtroppo,
credono invece di non essere
all'altezza di esse.

*Too many people believe they are
the bearers of innovation.*

*Others who are more talented, unfortunately,
believe instead that they do not
live up to them.*

Saper dipendere da se stessi,
prima che dagli altri, è una buona abitudine.

*Knowing how to rely on oneself,
before others, is a good habit.*

C'è un momento in cui si è pronti
a compiere il proprio percorso da soli.

C'è un momento in cui si è pronti
ad unire il proprio percorso
a quello di qualcun altro.

There is a time when you are ready
to make your own path alone.

There is a time when you are ready
to join your own path with someone else's.

Accetta i consigli, non i giudizi.

Nel bene o nel male parleranno sempre di te;
la differenza puoi farla solo tu,
smettendo di ascoltarli.

Take advice, not judgments.

Whether good or bad,
hey will always talk about you;
you alone can make the difference
by stopping listening to them.

Ricordati di condividere i momenti migliori
della tua vita con le persone che lo meritano.

*Remember to share the best moments of
your life with people who deserve it.*

Spesso, per cambiare profondamente
se stessi occorre isolarsi dagli altri.

*Often, in order to deeply change oneself
it is necessary to isolate oneself from others.*

Se scegli di imboccare una scorciatoia,
presto o tardi ne cercherai subito un'altra.

*If you choose to take one shortcut, sooner or
later you will immediately seek another.*

Guardati da chi ti offre il suo aiuto;
le persone non sempre lo fanno
per virtù o per gentilezza.

Beware of those who offer their help;
people do not always do it out
by virtue or kindness.

Smetti di interrogarti sul "Perché" delle cose.

La vita è come una storia che si svolge
tra Commedia e Tragedia.

Impara a viverla con leggerezza,
capitolo per capitolo.

*Stop questioning the
"Why" of things.*

*Life is like a story that unfolds
between Comedy and Tragedy.
Learn to live it lightly,
chapter by chapter.*

Guarda gli alberi: a distanza di anni un
piccolo seme può diventare un possente fusto.
Può produrre rami, molti e diversi, da cui
far fiorire un ricco fogliame e rigogliosi frutti.
Eppure, nonostante quella sua maestosità,
in pochi ricorderanno di come tutto sia
iniziato.

Ma è così, come per il successo, che tutto
comincia: con semplicità, dall'eco di una
flebile speranza.

*Look at trees: years later
a small seed can become a mighty stem.
It can produce branches, many and varied,
from which rich foliage and lush fruit bloom.*

*Yet despite that majesty, few will remember
how it all began. But that is how, as with
success, it all begins: with simplicity, from the
echo of a faint hope.*

Postfazione

E infine:
Ricordati sempre del valore che già possiedi. Ricorda le molte cose che sai e le tante che potresti ancora vedere, sentire e scoprire solamente ampliando la tua prospettiva.

Ogni individuo è unico perché di esso non esiste una copia; non esiste una versione diversa, perché essa può trovarsi solamente nell'antagonista che ci preoccupiamo di combattere in noi stessi.

Siamo come foglie che volano libere nel tempo: senza una meta precisa e senza una data di arrivo.

Dominare le correnti della vita è il nostro scopo, e scrivere la nostra storia è la diretta conseguenza.

Dopotutto siamo solo di passaggio, ma ciò che facciamo e ciò lasciamo agli altri, nelle loro vite, può durare per sempre.

Rendilo possibile. Permetti che accada.

Buona viaggio, buona vita!

E buona fortuna!

Indice

Youcanprint
Finito di stampare nel mese di Giugno 2023